마음을

요가합니다

Illustration: Hiroko Sobue
Original Japanese edition Art Director, Design: Hiroaki Seki (mr-universe)
Original Japanese edition Editor: Fumihiko Tanji, Hisako Murakami (anonima-studio)

마음을 요가합니다

분주한
일상에
충만한
기쁨

아카네 아키코 지음
김윤희 옮김

인도 5천 년 역사의 비법인 요가는 집중하여 정신을 통일하는 수련법입니다.

라자 요가Raja yoga는 심리적 요가로, '마음이란 무엇인가?', '마음은 무엇 때문에 혼란스러워지는가?', '마음은 어떻게 컨트롤할 수 있는가?'를 탐구합니다. 즈나나 요가Jnana Yoga는 철학적 요가로, 인생을 어떻게 살면 좋은지에 대한 지혜를 담습니다. 카르마 요가Karma Yoga는 행위의 요가로, 일상생활을 어떻게 해야 요가에서 말하는 자유롭고 행복하고 평화로운 삶을 살 수 있는지를 터득합니다.

요가는 삶의 방법A Way Of Life으로, 진정한 자신과 인생을 통찰하는 방식이며 개인적이고도 정신적인 여정입니다.

20년 전, 요가를 배우기 위해 인도라는 낯선 대지에 혈혈단신 발을 내디뎠을 때입니다. 누구 하나 아는 이 없는 땅, 제로Zero, 0의 땅, 미지의 나라 인도에서 비로소 나 자신도 제로가 되는 것 같았습니다. 요가를 만나고 난 뒤에는 인도를 여덟 차례 방문해 요가 도장에서 요가 행자들과 함께 지냈고, 요가 대학으로 유학을 떠나오기도 했습니다. 그 과정에서 요가는 신체적인 훈련일 뿐 아니라, 인생을 어떻게 살아야 좋은지에 관한 다양한 의문에 해답을 건네는 심오한 통찰의 결정체임을 알게 되었습니다.

이 책에는 요가 자세의 실천편에 대한 내용은

전혀 없습니다. 다만, 누구나 알고 싶어하는 질문인 '마음을 어떻게 해야 할까?'에 대해 이야기합니다. 4장으로 묶인 84가지의 이야기를 따라가다 보면 마음의 문이 열리고, 마치 계단을 밟고 올라가는 것처럼 점점 시야가 트이면서 마음이 해방되어 갈 것입니다.

멀고 먼 일본에서 인도로 건너 온 나에게 한 요가 행자는 "이번 생에서 요가를 만난 것은 사막에서 다이아몬드를 발견한 것만큼이나 어렵고 진귀한 행운입니다"라고 말했습니다.

요가적으로 산다는 것은 아무것도 필요가 없다는 사실을 깨닫는 것입니다. 보석을 몸에 지니지 않아도 자기 안에 진짜 보석이 있어 빛나고 있다는 것. 모든 사람들이 이미 그 모습 그대로, 자유롭고 행복하고 평화롭다는 것을 깨닫는 것. 그것이 '마음의 요가'입니다. 그래서 우리는 《마음을 요가합니다》.

contents

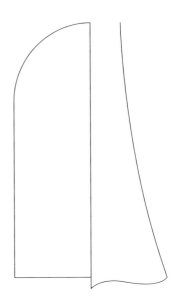

I。

단 힌
마 음 의

문 을
열 다

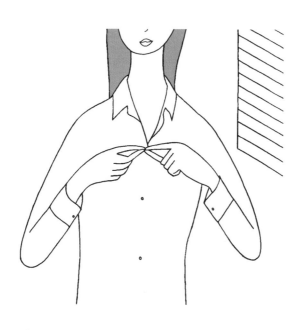

1

왜
인생은
생각대로
되지
않을까?

왠지 기분이 석연치 않은, 마음에 비가 내리고 있는 것 같은 그런 날이 있습니다. 인생이란 참 생각대로 되지 않는다며 깊은 한숨을 몰아쉬는 고뇌의 밤이 있습니다.

생각대로 되지 않는다는 것, 즉 고통이란 무엇일까요?

우선 개인적인 고통이 있습니다. 질병, 통증과 같은 육체적인 고통과 마음의 병, 고민 등의 정신적인 괴로움을 말합니다. 또한 인간관계에서 오는 고통으로, 만나고 싶은 사람을 만나지 못하고 헤어져야 하는 고통, 만나고 싶지 않은 사람을 만나야만 하는 고통이 있습니다. 뿐만 아니라 태풍, 홍수, 지진, 폭염 같은 자연재해로 인한 고통도 있습니다.

우리 인간은 이러한 고통을 극복하며 살아가기 위한 방법을 연구하고 찾아내야만 합니다. 요가는 인도 5천 년 역사를 관통하며 고통을 극복하기 위한 방법으로 전해져 왔습니다. 그러한 요가의 가르침에 따르면, 고뇌는 마음이 흐트러지고 집착할 때 생겨납니다. 결국 생각대로 되지 않는다는 건, 집착하고 있다는 것이겠지요.

2

마음의
무엇 때문에
흔들리고
혼란스러워
지는
것일까?

마음은 외부 세계에서 벌어지는 일로 인해 흔들립니다. 우리의 마음은 손해와 이익에 따라 요동칩니다. 칭찬이나 비난 등에 민감하게 반응하기도 하지요. 덥다고 하면서 금방 널브러지고, 조금만 추우면 온몸을 떱니다. 즐거운 일, 괴로운 일이 벌어질 때마다 수시로 마음이 흔들리는 것입니다.

이 세상은 이원론二元論이 지배하기 때문에, 대조되는 두 개의 상황에 일희일비하고 우왕좌왕하다 보면 마음은 결코 차분해질 수 없습니다. 매력적인 이성이 눈앞에 지나가면 마음을 빼앗기고, 사랑하는 사람에게 차이면 죽고 싶을 만큼 슬퍼지고, 그 사람에게 다시 애인이 생기면 질투가 폭발하고……. 도대체 이 마음을 어떻게 하면 좋을까요?

이원론 자체에서 벗어나 지금 나의 마음을 흐트러뜨리는 것이 무엇인지 살펴야 합니다. 집착이라는 원인으로 인해 지금의 고통이라는 결과가 찾아왔다는 것을 인식할 필요가 있습니다.

3

그
격정거리는
격정하면
해결될 수
있을까?

비행기를 타고 가는 내내 안절부절못하고 걱정을 하는 사람이 있습니다. 그러다가 무사히 착륙을 하면 그제야 안도의 한숨을 내쉽니다. 하지만 비행기에서 내리고 나니 피곤이 물밀 듯 밀려옵니다. 걱정하는 만큼 비행기가 무사히 비행을 한다고 하면 너도나도 걱정을 하겠지만, 아무리 걱정해도 해결할 수 없는 일이라면 그 수고는 아깝기만 할 따름입니다.

티베트 승려인 달라이 라마Dalai Lama는 말했습니다.

> '해결할 수 있는 일은 걱정할 필요가 없다. 해결할 수 없는 일은 걱정해 봐야 소용이 없다.'

우리는 당장 내일 날씨를 걱정하지만 걱정한다고 해서 흐릴 날씨가 맑아지지는 않습니다. 불필요하며 불가능한 일에 대해 지나치게 걱정하고 스스로를 지치게 만들고 있는 것입니다.

4

그만,
잘 보이고
싶어서
무리해
버린다

뒤꿈치를 들고 목을 쑥 빼서 잘 보이려고 합니다. 좋은 인상을 주고 싶은 나머지 무리해 버립니다.

무리하면 어딘가 한쪽은 찌그러지게 마련입니다. 그것이 스트레스가 되어 몸과 마음의 불균형이 겉으로 드러나게 되는 것입니다.

무리하면 그 자세를 오랫동안 지속할 수 없습니다. 한계를 넘어설 수 없다는 사실을 인정하고, 한 걸음 멈춰 컨트롤하는 습관을 들이면 언제나 여유 있는 상태를 맞이할 수 있습니다. 여유가 생기면 안심할 수 있습니다. 안심하면 자연스러운 상태 그대로 가슴 설레는 하루하루를 보낼 수 있습니다. 내일의 한계는 오늘의 그것과 똑같지 않기 때문에 성장 가능성은 무궁무진한 법입니다.

감 정 의
노 예 가
되 고 싶 지
않 다

내 안에서, 가정에서, 회사에서, 온 세계에 걸쳐 싸움은 끝이 없습니다.

끝없는 전쟁과 다툼에서 해방되려면 감정에서 해방되어야 합니다.

우선은 분노, 원망, 질투와 같은 부정적인 감정을 극복해야 합니다. 그러면 좋은 감정, 즉 긍정적인 감정이 생기고 올바른 자기표현을 할 수 있습니다. 그렇게 되면 자신을 소중히 여기게 되고 이는 곧 자기실현으로 이어집니다. 감정에서 자유로워졌을 때 진정한 자신을 알 수 있고, 평화로우며 자유로운 상태에 이를 수 있습니다.

우리는 감정의 노예입니다. 감정적으로 서로를 대하며 상처 입히다 보면 싸움으로 번집니다.

감정에 휘말리지 마세요. 감정을 뛰어넘어야 합니다. 감정은 변하고, 변하는 것은 진짜 자신이 아닙니다. 결국 감정은 진짜 자신의 것이 아니라는 걸 깨달아야 합니다.

6

다 른
사 람 에 게
상 처 를
줄 때
자 신 도
상 처
받 는 다

일상생활 속에서 우리는 서로 상처를 주고 받습니다. 육체적인 폭력, 언어폭력, 마음속 분노와 질투, 증오와 같은 악감정이 이어집니다. 어떤 형태로든 다른 사람에게 상처를 주면 자신도 분명 상처를 받습니다. 아무리 평정심을 가장한다 해도 자기 안의 상처를 부인할 수는 없습니다.

내 안의 평화를 지키기 위해 폭력은 멀리해야 합니다. 폭력과 엄격하게 거리를 두겠다는 각오가 필요합니다. 다른 사람에게 상처를 주면서, 폭력을 휘두르면서 마음이 평화로울 수는 없습니다. 폭력과 평화는 공존할 수 없으니까요.

분쟁 속에서 살아가며 우리 모두 다양한 면에서 상처를 받습니다. 육체적으로든 언어로든, 상상할 수 있는 어떤 형태로든 폭력을 배제해야 합니다. 그래야만 비로소 평화로운 경지에 닿을 수 있습니다.

**과거를
다시
살 수는
없으므로,
지금
이 순간을
살아간다**

과거를 다시 살 수 없는데도 사람들은 자꾸 과거를 돌아보고 '저것도 아니야, 이것도 아니야' 하면서 반성하고, 후회하고, 원망하고 우울해하기에 급급합니다. 그럴수록 일은 더욱 꼬일 뿐인데 말입니다.

'망각'은 신이 주신 커다란 선물입니다. 망각을 통해 우리는 치유되고 다시 한 걸음 내디딜 수 있습니다.

깊은 밤, 이런저런 생각으로 뒤척이지 마세요. 기분이 금방 가라앉을 수 있습니다. '그때, 그 사람만 만나지 않았더라면', '그 일에만 말려들지 않았더라면' 하는 원망으로 가득 차고 맙니다.

어차피 지나간 일은 되돌릴 수 없으므로, 기분을 바꿔서 새로운 마음으로 '지금, 이 순간'을 살아가야 합니다. 그것만이 실제로 우리가 할 수 있는 일입니다.

⑧
'고통'은
자기중심적인
집착
때문이다

우리는 수시로 괴로워합니다. 맛있는 음식을 먹으면서 행복해하다가도 자신도 모르는 새에 과식을 하고는 힘겨워합니다. 즐거움과 고통은 동전의 양면처럼 존재한다고 할 수 있습니다.

고통이 있는 곳에는 어김없이 자기중심적인 집착이 있습니다. 누군가를 좋아한다고 하면서 괴로워합니다. 우리는 자신에게 집착하고, 타인에게 집착하고, 즐거운 일에 집착하고, 급기야 살아가는 것 자체에 집착합니다. 하지만 인간의 육체는 늙고 병듭니다. 감정은 변하며, 상대의 마음도 변합니다. 그 사람의 존재도 영원하지 않아요. 언젠가는 반드시 이별이 찾아옵니다. 당연히 나의 삶과도 언젠가는 작별하게 되겠지요.

집착하지 말고 자신을 소중히 여기세요. 타인을 사랑하고 인생을 즐겨야 합니다. 만약 고통이 있다면 그것은 사랑이 아닌 집착입니다.

인도의 사상가 스와미 비베카난다Swami Vivekanan-da는 《사랑의 예지叡知》라는 책에서 사랑에 대해 이렇게 말합니다.

> 사랑은 하나의 삼각형에 비유할 수 있다. 삼각형의 제1각은 '사랑은 거래를 모른다'이고, 제2각은 '사랑은 두려움을 모른다'이며, 제3각은 '사랑은 경쟁자를 모른다'이다.

사랑이란 상대의 행복을 바랍니다. 거기에 자기중심적인 구속이 있을 수 있을까요. 상대에게 집착하면 상대의 자유를 용납하지 않고, 그가 나만을 위해 존재하기를 요구하면서 간섭하고 옭아맵니다. 그것은 사랑이 아니라 자기애이며, 집착일 뿐인데도 말입니다. 또 다른 인도 사상가 지두 크리슈나무르티Jiddu Krishnamurti 역시 말했습니다.

'사랑이 있는 곳에 고통은 없다'

'사랑한다는 것'. 그것만으로 차고 넘칩니다.

미래의
고통은
피할 수
있다

오늘의 나는 어제까지 살았던 나의 결과라고 할 수 있습니다. 어제까지 어떻게 살았는지, 어떤 의식을 가지고 있었는지, 무엇을 했는지, 그에 대한 결과로서 오늘 존재합니다.

어제 과음을 했기 때문에 오늘 곤드레만드레 취해 있습니다. 어제 먹은 음식이 오늘의 몸과 마음에 영향을 미치고 있다는 말입니다. 하지만 어제의 일은 더 이상 어떻게 할 수가 없습니다. 바꿀 수가 없습니다.

바꿀 수 있는 것은 오늘 나의 태도이며, 오늘을 사는 나의 방식입니다. 그로 인해 미래는 오늘의 결과로서 바꿀 수가 있습니다. 과거의 고통, 과거를 원인으로 한 결과인 오늘의 고통은 회피할 수 없지만, 지금 현재의 행위에 대한 결과로서 일어나게 되는 내일의 고통은 오늘을 어떻게 사느냐에 따라 피할 수 있습니다.

그렇기 때문에 오늘, 지금이야말로 가장 중요하다는 것을 잊지 말아야 합니다.

변할 수
있는 것과
변할 수
없는 것을
구분
하기

우리는 늘 행복해지고 싶어하며, 그러기 위해서 자신을 바꾸고 싶어합니다. 지금, 내가 살고 있는 환경도 바꾸고 싶어하고, 회사도 옮겨볼까 생각합니다.

하지만 당장 행동에 옮기지 못한 채 차일피일 망설이고 미루기 일쑤입니다. 여전히 바꿀 수 없는 것을 바꾸고 싶다고 고집하고 연연해하며 하루를 보내는 것이지요.

아무리 노력해도 바꿀 수 없는 것이 있고, 반면에 자신의 노력 여하에 따라 얼마든지 바꿀 수 있는 것들도 많습니다.

바꿀 수 있는 것과 그럴 수 없는 것을 정확하게 구별해야 합니다.

바꿀 수 없는 것은 묵묵히 받아들이고, 바꿀 수 있는 것은 너무 깊이 고민하지 말고 즉각 행동으로 옮겨 보길 바랍니다.

망상과 사실을 정확하게 인식하기

우리는 매일 끊임없이 생각을 하며 살아갑니다. 이런저런 상상을 하고 수없이 추측하며 생활하고 있습니다. '저 사람은 아마 이럴 거야', '그것은 아마 이런 의미일 거야' 하면서 말이죠.

하지만 그것은 상상이자, 추측에 불과합니다. 과거에 있던 이야기에서 비롯된 지식이나 이해에 근거한 상상과 추측일 뿐, 실체라고 단언할 수는 없습니다.

예를 들면 "○○ 씨는 조용한 사람은 싫어하는 것 같아"라고 말하는 것을 들으면, "그렇구나, 그래서 ○○ 씨가 나를 싫어하는 건가" 하고 단정짓고는 침울해합니다.

실체 없는 상상의 세계 안에 살면서 멋대로 상처 입고 실망하고 슬퍼하며 마음을 어지르는 것입니다. 그러한 망상에 휘둘리지 않도록 '이건 말로만 그런 거야', '이건 상상일 뿐이야' 하고 사실을 정확하게 구별해서 인식할 필요가 있습니다.

의 존 에 서
벗 어 나
자 유 로 워
지 기

우리는 자신도 모르는 사이에 다양한 사람들과 사물들에 의존하고 있습니다.

'그 사람이 없으면 살 수 없어', '그것이 없으면 살아가기가 곤란해' 하면서 말입니다. 이런 식으로는 늘 불안할 수밖에 없는 상황이지 않을까요.

무언가에 의존하고 있는 한 자유로워질 수 없습니다. 자립한다는 것은 스스로 자신을 일으켜 세우는 일입니다. 스스로 일어서다 보면 설령 무언가를 잃게 되더라도, 당황하거나 좌절하지 않고 다시 우뚝 설 수 있습니다.

자립한 상태에서 서로를 존중하고 상대의 자유를 인정하며 함께하는 것. 바로 그것이 내가 자유로워지는 길입니다. 정신적으로, 경제적으로, 육체적으로 완전한 자립을 꿈꾸어 보세요.

(14) 자신이 의존하는 대상 깨닫기

우리가 미처 의식하기도 전에 의존하는 것들을 떠올려 볼까요. 술, 돈, TV, 휴대전화, 컴퓨터, 커피, 차, 담배, 달달한 음식, 연인, 가족 등. 중독성이 강한 것도 있고 도저히 멈출 수 없는 것, 없으면 불안해서 어쩔 줄 모르는 것도 있습니다.

항상 곁에 있기 때문에 본인이 의존하고 있다는 사실을 전혀 느끼지 못하는 경우도 있습니다. 하지만 그것들이 없어도 아무렇지 않을 수 있도록, 가끔은 손에서 내려놓을 필요도 있습니다. 술을 마시지 않는 날, 돈 자체를 생각하지 않는 날, TV를 보지 않는 날, 휴대전화를 가지고 다니지 않는 날, 컴퓨터를 켜지 않는 날, 커피나 차를 마시지 않는 날, 단것을 먹지 않는 날. 없어도 아무렇지 않게 잘 지내고 있는지 관찰해 보는 겁니다.

연인이나 가족에 대해서는 지나치게 의존적이지 않은지, 반대로 그들을 구속하고 있지는 않은지, 너무 얽매여 있지는 않은지 또는 집착하고 있지는 않은지 등을 곰곰이 생각해 보세요.

의존은 나를 자유롭지 못하게 하는 가장 큰 원인입니다.

불평불만
없는
평화로운
마음으로
살기

사람의 욕심이란 끝이 없어서 현재 상황에 만족하지 못하면 불평과 불만이 끝없이 쌓여 넘쳐버립니다. 그리고 그 마음은 고스란히 얼굴에 드러납니다.

행복은 얼마만큼 소유하고 있는가가 아니라 지금 상황에 얼마나 만족할 수 있는지, 감사할 수 있는지에 따라 결정됩니다.

현재의 상태에 만족하고 감사하면서 오늘 하루를 충만한 마음으로 지내는 것. 그것이 행복의 열쇠이며 우리는 늘 충분히 채워져 있습니다.

요가에서는 마음의 평안을 얻은 사람이 부자이고, 가장 풍족한 사람이라고 말합니다. 마음이 평화로우면 모든 것은 자연적으로 채워집니다. 우리 한 사람 한 사람의 마음 상태에 평화가 달려 있습니다. 각자의 평화는 모두의 평화로 이어집니다.

우리 모두의 마음이 평화로워지기를.

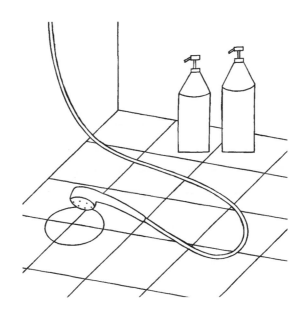

지나치게
욕심을
부리는
이유는,
나에게
만족하지
않기
때문이다

우리의 욕망은 본 것에서 시작됩니다. 보면 갖고 싶고, 먹고 싶고, 만지고 싶고, 내 걸로 만들고 싶어집니다. 더 갖고 싶고, 더 먹고 싶고, 그렇게 욕망은 끝을 모릅니다.

우리의 욕망은 들은 것에서 시작됩니다. 들으면 자극을 받고 나도 그것을 해 보고 싶다는 생각이 솟구칩니다.

자신이 경험한 일이나 다른 곳에서 들은 이야기를 통해 알게된 것들에 대해서 집착이 생겨납니다. 이기적인 집착은 고통을 낳을 뿐입니다. 집착과 자유는 절대로 양립할 수 없으며, 집착하는 한 평화는 있을 수 없습니다.

나에게 만족한다면, 내가 나라는 사실에 감사한다면, 무언가를 더 얻어서 자신을 채운다거나 연연할 필요가 없습니다.

17

다른
사람과
자신을
비교하는
순간부터
불행은
시작된다

우리는 남과 자신을 비교하는 순간부터 불행의 늪에 빠집니다. 철이 들지 않았을 때는 남들과 비교하지 않아 행복할 수 있었습니다. 하지만 언젠가부터, 예를 들면 형제들과 비교하면서 부모님의 사랑을 재고 따지기 시작합니다. 그것이 불행의 시작입니다.

우리는 무의식중에 매일, 매 순간 자신과 남을 비교합니다. 스쳐지나가는 사람과도 얼굴을 비교하고, 입고 있는 옷을 비교하고, 가지고 있는 물건을 비교합니다. 학력을 비교하고 회사를 비교하고 실적을 비교합니다.

비교하지 않으면 질투심에서 해방될 수 있습니다. 교만함도 사라집니다. 남과 비교하지 않으려면 내가 유일한 존재라는 것을 알고, 누구와도 닮지 않은 나로 서서 내 모습 그대로 살아가야 합니다.

031

18

자 신 의
불 행 을
누 군 가 의
탓 으 로
돌 린 다

마음의 상태에는 여러 가지가 있습니다. 그런데, 늘 불안한 마음으로 살아가는 사람이 있습니다. 또한 지금의 자신을 불행하다고 여기며 살아가는 사람도 있습니다. 어떤 이는 지금도 그렇지만 앞으로도 계속 불행할 거라고 단정지으며 희망을 포기해버립니다.

그리고 그런 불행한 상황이 남의 탓이라고 생각하는 이도 있습니다. 저런 부모 밑에서 태어났으니 불행, 얼굴이 이렇게 생겨서 불행, 아버지가 돈을 많이 못 벌어서 불행, 회사 상사 때문에 불행.

인생은 누구의 탓으로 이루어지지 않습니다. 내가 가지고 있는 카드를 들고 살아갈 수밖에 없는 것입니다. 바꿀 수 없는 것은 그대로 받아들이고 바꿀 수 있는 것은 스스로 바꾸기 위해 행동으로 옮기세요. 그리고 그 행동을 타인이든 자신이든 누군가에게 상처주지 않는 방향으로 평화롭고 행복하고 자유롭게 지속해나가는 것이 중요합니다.

(19)

인 간 관 계 로
고 민 하 지
않 기 위 해
모 두 가
다 르 다 는
것 을
기 억 하 기

우리는 늘 인간관계에 지쳐 있습니다. 백이면 백, 자기가 옳다고 생각합니다. 백 명의 자아가 서로 충돌하면서 불꽃이 튀고 있는 것이 세상입니다. 수많은 자아들이 올라타 있는 만원 전철 안에서 부대끼며 살아가다 보면 몸도 마음도 만신창이가 될 수밖에 없겠지요.

자질구레한 일일수록, 사소한 일일수록 더 상처받기 쉽기 때문에 어느 순간 도를 넘는다 싶으면 곧바로 마음의 병으로 이어질 수 있습니다.

그러므로 우선은 나뿐 아니라 우리 모두가 옳다는 생각을 해 보길 바랍니다. 혹은 사람은 누구나 완전하지 않기 때문에 나를 포함한 우리 모두가 틀렸을 수도 있다는 생각을 해 보길 바랍니다. 사람은 저마다 다르다는 이야기입니다. 타인을 바꿀 수는 없지만, 나는 내가 바꿀 수 있습니다. 자신을 바꾸는 일부터 시작해 보세요.

20

도 망 치 지
말 고
자 신 을
바 로
바 라 보 기

자신의 모습을 그대로 받아들이려면 용기가 필요합니다. 우리는 진짜 자신과 마주하면 못 본 척하면서 다른 쪽으로 의식을 돌립니다. 자신을 정면으로 바라보는 것, 자신의 모습 그대로를 인정하는 일은 정말 어렵습니다.

'그런데……'
'그런 말이 아니라……'

이런 식으로 자신에게 변명을 하고 도망치려고 합니다.

하지만 그것은 속고 있는 것입니다. 내 안에서 목소리가 들려오는데도 들리지 않는 척, 귀 기울여 들으려고 하지 않습니다. 몸은 이미 비명을 지르고 있는 것인지도 모르는데 말입니다. 내가 진짜 나의 삶을 살고 있지 않기 때문에 마음이 사인을 보내고 있는 것일 텐데 말입니다.

'그건 진짜 내가 아니야' 하고 도망치고 싶지만 더 이상 도망갈 데가 없습니다. 내 안에서 들려오는 소리가 더욱 커지고 있으니까요.

잘 마 른
옷 가 지 처 럼
깨 끗 하 고
순 수 하 게
살 아 가 기

순수하게 살아가는 일이 이 사회에서는 어려울까요? 세속에 물들어서 살지 않으면 살아갈 수 없을까요? 마치 세탁기 안에서 정신없이 돌아가는 더러워진 옷가지들처럼 고통에 찌들어서 빙글빙글 맴돌기만 하는 혼란스러운 일상. 하지만 내가 먼저 사서 고민을 하고 세속에 물들 필요는 없습니다.

세탁기 안에서 깨끗하게 세탁된 빨랫감은 맑은 하늘 아래 널려 잘 마른 옷가지가 됩니다. 그렇듯 깨끗하고 순수하게 살아가고 싶습니다.

우리는 순수한 의식입니다. 그 어떤 것에도 오염되지 않는 순수한 의식입니다. 세속의 영향을 받지 않는 것이 우리 본래의 모습이고 진짜 자기 자신입니다. 하지만 세상을 살면서 이런저런 번뇌에 치이게 되는 것이지요. 구름이 걷히면서 맑고 드높은 하늘이 모습을 드러내듯, 우리 마음도 번뇌가 걷히면 원래의 순수한 의식을 되찾을 수 있습니다.

내 가
나 의
가 장
든 든 한
응 원 군 이
되 어 야
한 다

하루 종일 부정적인 생각만 떠오르는 그런
날이 있습니다.

'나는 이제 틀렸어. 뭘 해도 안 돼. 사람들
도 나를 평가해 주지 않아. 살아갈 가치
도 보람도 찾을 수 없어.'

절망감에 사로잡힌 채 눈에서 눈물만 뚝뚝
떨어집니다.

하지만 그 눈물을 삼키며 살아가지 않으면
안 됩니다. 내가 나의 가장 든든하고 소중한 응
원군이 되어야 합니다. 같은 편이 되어 용기를
북돋아주어야 합니다. 긍정적인 생각을 할 수 있
도록 '나에게는 내가 있잖아' 하고 다독거려 주
어야 합니다.

고독이 밀려올 때, 쓰디쓴 한숨보다는 깊은
심호흡을 하며 에너지가 몸과 마음에 차오르는
것을 느껴보길 바랍니다.

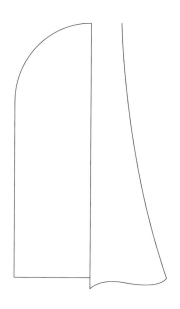

II。

기 분
좋 은

날 들 을
보 내 다

온 몸 과
온 영 혼 으 로
차 를
마 신 다

자신의 인생을 자기가 생각한 대로 실현해 나가려면 온몸과 온 영혼으로 최선을 다하는 자세가 중요합니다. 인생을 살다 보면 결단을 해야 할 때가 수없이 찾아옵니다. 인생은 스스로의 선택에 달려 있습니다. 다시 말하지만 온몸과 온 마음으로 임해야만 내 인생에서 나를 실현할 수 있게 되는 것입니다.

그런데 마음이 왠지 늘 흐트러져 있지는 않는지요? 어느 한곳에 머물고 있어도 마음은 어딘가로 여행을 떠나버렸기 때문에, 행동에 진정성이 없는 것입니다. 주의가 산만해지고 허공에 떠 있을 뿐인 거지요.

작은 일부터 하나씩 하나씩 행동에 마음을 담아 실천해나가는 습관을 들이세요. 마음을 담은 행동, 영혼이 깃든 행동은 아름다운 인생으로 나를 인도해 줍니다.

온몸과 온 영혼으로 차 한 잔을 마시는, 그것부터 시작해 봅시다.

24

**좋아하는
일을
발견하는
것은
곧,
자신을
사랑하는
것이다**

좋아하는 일을 하고 있는 사람의 눈은 반짝
거립니다. 너무 즐거워서 피곤한 줄도 모릅니다.
정말 알차게 시간을 보낼 수 있지요. 하지만 사
람들은 자신이 정말 좋아하는 일이 무엇인지 모
릅니다. 아니 찾아내지 못합니다. 바깥의 정보나
유행에 좌우되고 무조건 휩쓸리기 때문입니다.
진짜는 자기 안에 있는 것을 모르고 말입니다.

외부에만, 표면적인 것에만 마음을 빼앗겨
버리면 자신의 진짜 성향이 어떤지 알 수가 없
습니다. 조용히 자신에게 물어보세요. 답은 분명
히 자기 안에 있습니다.

좋아하는 일을 발견하는 것, 온몸과 온 마음
으로 몰입할 수 있는 것을 찾는 것, 자신을 사랑
하는 것, 이 모든 것은 똑같은 것입니다. 이렇게
살 수만 있다면 의미 있는 인생을 보낼 수 있을
겁니다.

몸의 자세가 마음의 자세, 인생의 자세를 나타낸다

요가에서는 몸의 자세가 단순한 육체적 자세만을 나타내는 것이 아니라, 그 사람 마음의 자세, 그 사람이 인생을 대하는 자세라고 여깁니다.

기분이 처져 있으면 어깨를 떨구고 몸을 웅크리면서 고개를 숙이게 되지요. 반대로 자신감에 넘쳐 있을 때는 가슴을 활짝 펴고 고개는 45도 위를 바라보며 의욕에 넘칩니다.

마음의 상태가 자세에 영향을 주는 것처럼, 반대로 자세가 마음의 상황을 만들어내기도 합니다. 기분이 우울할 때 거기에 휘둘리지 않도록 자세를 무너뜨리지 말고 가슴을 펴봅시다. 괴롭고 힘겨운 일에 눌리지 않도록 의욕적인 자세로 마주해 봅시다. 한편 어깨에 너무 힘이 들어가면 긴장이 풀리기는커녕 금방 지쳐버립니다. 어깨의 힘은 빼야 합니다.

지금 바로 내 자세가 어떠한지 확인해 보길 바랍니다.

매일,
자신에게
쾌적한
자세를
찾아가기

사람은 태어나서부터 죽을 때까지 24시간, 365일, 그리고 이 세상을 떠나는 순간까지 어떤 식으로든 자세를 잡고 있습니다. 앉아 있는 자세, 서 있는 자세, 잠자고 있는 자세. 육체를 가지고 있는 한 자세에서 벗어날 수 없습니다.

그렇기 때문에 우리는 자신에게 가장 쾌적한 자세를 찾으며 살아갑니다.

요가에서는 에너지가 흐르는 파이프가 머리부터 발끝까지 뼈를 따라서 뻗어 있다고 가르칩니다. 다시 말해서, 꼿꼿하게 서 있는 자세가 에너지의 흐름을 좋게 하는 쾌적하고도 안정적이며 편안한 자세라고 할 수 있습니다.

앉아 있을 때, 서 있을 때, 잠을 잘 때 자신에게 꼭 맞는 쾌적한 자세를 찾고자 한다면 육체를 떠나는 날까지 매일 요가를 실천하게 될 것입니다.

극단적으로
달리지
않고
균형을
유지하기

어떤 상황에서든 건전하게 생활할 수 있도록 일상에서 균형을 유지해야 합니다. 죽기 살기로 내달리는 것은 몸과 마음의 균형이 흐트러지는 원인이 됩니다.

과식, 과음, 금식, 과로, 수면 부족, 늦잠, 과소비, 지나친 체력 소비 등 극단적으로 너무 많거나 너무 부족한 것은 위험을 불러올 뿐입니다.

중립적인 것, 그것이 평화로운 삶을 위한 열쇠입니다. 중도中道란, 너무 극단적으로 달리지 않고 적절한 상태를 균형 있게 유지하는 것입니다. 제멋대로가 아니라 제대로 균형을 유지한 상태에서 집착없이 진지하게 임하는 것을 말하는 것입니다.

안정적인 마음의 상태가 결국 모든 것을 긍정적이고 좋은 상태로 인도할 것입니다.

딱 좋은
속 옷
밴드처럼
적 당 한
긴 장 과
휴 식 의
균 형
이 루 기

병에 걸리지 않으려면 평소에 건강한 생활을 할 것을 명심해야 합니다.

요가에서는 질병의 원인을 완벽주의와 속도, 즉 조급함이라고 말합니다. 자연에 맡기고 살면 건강하지만, 자연에 어긋나게 살면 병에 걸린다는 의미입니다.

줄을 너무 세게 잡아당기면 끊어져버리고, 너무 느슨하면 음색이 나오지 않는 현악기처럼요. 적당한 조율이 좋은 소리를 내는 것처럼, 업무를 할 때 적당한 긴장감과 개인적인 휴식 시간이 균형을 이루어야 합니다. 마치 속옷의 밴드와도 같습니다. 너무 조이면 아프고 너무 느슨하면 벗겨질 수 있습니다. 적당한 신축성이 쾌적함의 열쇠이자 면역력을 높이는 방법입니다.

'어떻게 해서든 꼭 할 수 있을 것 같다'고 믿기

자신의 가능성은 무한하다고 믿어야 합니다. 모든 사람의 가능성도 사실은 무한하답니다.

'나는 이런 사람이 아니야, 나는 생각한 모든 것을 할 수 있어!' 이렇게 믿길 바랍니다. 자신에 대한 믿음은 즐거움이고, 행복 자체입니다. '오늘 하루 잘 할 수 있어', '오늘 잘 될 거야'라고 믿으세요.

물론 우리는 항상 자신을 믿습니다. 무의식적으로 수많은 것을 믿고 의심하지 않기 때문에 이런저런 행동을 과감히 할 수 있는 것입니다. 내일 아침, 눈을 뜰 거라고 믿기 때문에 밤에 잠들 수 있는 것처럼 말입니다.

나는 행복한 인생을 보낼 수 있다고 믿으세요. '어떻게든 되겠지'가 아니라 '어떻게 해서든', 스스로 자신의 인생에 책임을 져야 합니다. '어떻게 해서든 반드시 할 수 있어'라고 자신을 믿으며 살아가야 합니다.

기 도 를
통 해
순 수 해 지 고
정 화 될 수
있 다

우리는 늘 기원하고 기도합니다. 오늘 하루가 좋은 날이기를, 저 사람이 행복하게 웃는 얼굴을 볼 수 있기를, 따스한 햇볕이 가득하고 온화한 평화가 넘치는 날이 되기를.

기도를 할 때, 그 기도가 자기중심적인 이기주의에서 비롯된 기도가 아니라면 그 순간 마음이 순수해지고 정화됩니다.

혼란스러운 마음에서 해방되어 온 마음을 집중함으로써 차분해집니다. 두 손을 모을 때 아름다운 생각을 하게 됩니다.

'부디 잘 될 수 있기를'

우리는 모두 기원하면서 매 순간 살아가고 있습니다.

감사의 마음과 상대를 배려하는 마음, 평화로운 마음, 자신과 상대를 소중히 여기는 마음. 기도를 하면 이처럼 모든 것을 사랑하는 마음을 떠올릴 수 있습니다.

중요한
것을 알면
무의미한
것들이
사라
진다

우리는 시간을 낭비하고 에너지를 소모하며, 사람과의 관계에 지치고, 과식한 것을 후회하고, 쓸데없는 험담과 투정을 하는 등 의미 없는 허비를 하고 있습니다.

시간과 에너지를 헛되이 쓰지 않는 것보다 더 중요한 것은, 무엇이 중요한지를 정확하게 파악해야 한다는 것입니다. 더 이상 되돌릴 수 없는 과거를 후회해 본들 아무 소용이 없습니다. 아직 일어나지 않은 미래의 일을 걱정하는 것도 의미 없는 행동입니다. 매일의 일상 속에서 혹시나 허비하고 있는 것이 없는지 점검해 보길 바랍니다.

요가적으로 살면 적어도 허비하는 삶을 살지는 않습니다. 올바르게 사는 삶은 허비 없는 인생을 가져다줄 것입니다.

32

자 신 에 게
상 냥 해 지 는
시 간
갖 기

너무 바쁘다거나 내키지 않는 일을 한다거나 머리가 너무 혼란스럽다는 이유로 자신을 고통스럽게 하고 있지는 않은가요. 자신의 진심 어린 목소리를 들을 시간을 갖는 것은 자신에 대한 최소한의 에티켓이며 자신을 상냥하게 대하는 일입니다.

자신을 소중히 여기는 것, 자신을 위로하고 치유할 힘을 높이는 것. 몸과 마음의 건강이야말로 인생을 더욱 행복하게 살기 위한 자유로운 에너지의 원천임을 잊지 마세요.

자신에게 친절한 시간을 갖는 것은 어렵지 않습니다. 잘 정리된 방에 편안하게 앉아서 느긋한 마음으로 내면에 의식을 맞추면 됩니다.

물 질 을
소 유 하 는
순 간 ,
다 양 한
감 정 들 도
생 겨
난 다

하나를 가지면 고통도 하나 늘어나기 마련입니다. 계속 갖기 위해 관리가 필요하게 되고, 혹여 잃어버리지는 않을까 불안해지기 때문입니다.

석가모니는 말합니다.

'지팡이를 갖는 순간 우리의 업業은 시작된다.'

지팡이는 무기의 상징입니다. 무기를 갖는 순간 이미 그것은 누군가를 때리고 죽이고 보복을 하는 등의 모든 비극을 내재합니다.

우리는 무엇을 가지고 살아가야 할까요. 언젠가 이 세상을 떠날 때 우리는 우리가 가진 모든 것을 남기고 갈 수밖에 없습니다. 그리고 그것은 다른 이들에게는 거대한 쓰레기일 뿐입니다. 무엇을 갖고 있는지, 무엇을 갖지 않는지는 그 사람이 사는 방식을 나타냅니다. 얼마만큼 갖고 있는가가 아니라 무엇을 가지고 살아갈 것인가가 중요합니다.

**우선은
청소를 해서
마음을
깨끗하게
한다**

심리학자는 방 안의 상황이 곧 마음속 상태와 똑같다고 말합니다. 혹자는 머릿속과 방 안의 상태가 똑같다고 말하기도 합니다. '그렇다면 큰일인데……' 이렇게 생각하며 방 안을 둘러보고 당황해하는 분도 있겠지요.

방 안이 어질러져 있는 사람은 머릿속이 뒤죽박죽, 마음속도 엉망진창입니다.

우선 청소를 해야 합니다. 어질러진 방은 정신적으로도, 위생적으로도 좋지 않습니다. 지저분하고 정신없이 널브러진 방에서 차분하게 자신을 돌아본다는 것은 불가능하니까요.

집안을 깨끗이 치우면서 마음도 정리해 보세요. 청소를 하면 몸을 움직이는 훈련도 되니 일거삼득인 셈입니다.

（35）

꽃에
물을 주는
것처럼
나의
마음에도
물주기

방 안이 깨끗하게 정리되어 있으면, 꽃이라
도 놓고 싶은 마음이 생겨납니다. 그것이 바로 마
음의 여유입니다. 꽃이 방 안에 있는 것만으로 마
음이 아름답고 맑아집니다.

꽃은 깊은 의미가 있습니다. 꽃은 우리에게
아무것도 바라는 것 없이 오로지 순수한 아름다
움을 선물합니다. 꽃은 우리의 순수한 마음을 일
깨워줍니다.

그저 그곳에 있는 것만으로 사람들에게 기
쁨을 줄 뿐 보답을 바라지 않습니다. 순수한 사
랑, 그 자체입니다.

인간은 너무 교만해서 항상 손익을 따지고
모든 것을 계산하려고 합니다. 그러다 보면 어느
사이에 마음이 고갈되어버립니다. 꽃에 물을 주
는 것처럼 나의 마음에도 순수한 물을 주고 촉
촉한 윤기가 흐르게 해 주세요.

옷 장 안 은
가 득 해 도
마 음 이
공 허 하 다 면 ,
무 엇 이
중 요 한 지
생 각 하 기

매일 아침 옷장 문을 열고 옷을 고릅니다. 옷장 안이 뒤죽박죽 정신이 없으면 아침부터 마음도 정신이 없습니다.

옷장 안이 깔끔하게 정리되어 있고 옷들이 질서정연하게 걸려 있는 것이 좋습니다. 필요 없는 물건은 깊은 곳에 정리를 해서 넣어 두세요.

늘 같은 옷을 입는다고 신경 쓰지 마세요. 사람들은 당신의 옷이 아니라 당신 자체를 보고 있다고 요가 수행자들은 말합니다.

가지고 있는 물건이나 옷이 사람들에게 어떻게 보일까 지나치게 의식하고 걱정하지는 않나요? 소모품이나 액세서리에 시간과 노력과 돈을 허비하고 있지는 않나요?

옷장 안은 옷으로 가득한데 머릿속은 텅 비어 있는 느낌이라면, 바로 마음속이 공허하기 때문입니다. 어쩌면 무엇이 정말 중요한지 본질적인 것을 생각해야 하는 기로에 서 있는 것일지도 모릅니다.

필요 없는 것, 필요 없는 감정은 버리기

우리는 필요 없는 짐들을 늘 갖고 다닙니다. 여행을 갈 때도 커다란 가방 가득 짐을 넣고 또 넣습니다. 설상가상으로 돌아올 때는 선물과 기념품 때문에 결국 가방 하나를 더 구입하는 경우도 다반사입니다.

무거운 짐 가방을 질질 끌으면서 돌아오는 일은 그야말로 중노동이지요.

물건뿐 아니라 우리는 필요 없는 감정도 잔뜩 가지고 있습니다. 분노, 걱정, 질투심, 불안, 고민, 염려 등의 부정적인 감정들을 말합니다.

부정적인 감정은 에너지를 소비시키고 피곤하게 합니다. 무의미하고 필요 없는 감정들을 굳이 움켜쥐고 있는 이유는 무엇일까요.

불안하고 공허한 내면을 채우기 위해 불필요한 물건이나 감정으로 대신하고 있는 것은 아닐까요.

자기를 바꾸기 위해서는 필요 없는 물건과 감정을 과감히 버릴 수 있는 용기가 필요합니다.

38

고 요 함 에
치 유
되 며
마 음 을
차 분 하 게
하 기

우리 생활을 둘러싸고 있는 소리에 대해 생각해 봅시다. 잡다한 소리로 가득 차 있어 끔찍한 상황 속으로 내몰리고 있지는 않은가요. 소리는 위로도 되고 반대로 해를 끼치기도 합니다.

고대에는 소리를 통한 치료가 이루어졌고, 지금도 아프리카 등지의 미개발지역에서는 드럼을 치며 환자의 악령을 쫓아낸다거나 병마를 쫓아내기도 합니다.

한편 사람을 불안하게 하고 혼란스럽게 하는 소리가 있습니다. 그 안에서 계속 생활하면 자신도 모르는 사이에 스트레스가 쌓이고 건강을 해칠 수 있습니다. 인내의 한계를 초월하는 소리는 정신적 이상을 일으키기도 합니다.

잠깐이라도 고요한 시간을 가지면, 상처를 치유하고 마음을 차분하게 가라앉힐 수 있습니다.

39

자신을
받아들이고
방긋
웃기

몸도 마음도 활짝 웃을 수 있다면 얼마나 행복한 일일까요. 사람들과 만날 때도 방긋 웃으면 좋은 관계를 유지할 수 있습니다.

아이들은 늘 방긋 웃습니다. 입꼬리가 올라가 있기 때문입니다. 나이가 들면 중력 때문에 점점 얼굴 살이 처지고 그와 동시에 입꼬리도 내려갑니다. 의식적으로라도 방긋 웃으면 입꼬리가 올라가고 젊고 싱그러운 인상을 주기 때문에 정말 행복해 보입니다. 365일 방긋 웃을 수 있다면 얼마나 행복할까요.

눈을 감고 자신에게 방긋 웃어 보세요. 자신을 향해 가슴 깊은 곳에서부터 방긋 웃으며 미소를 보내려면, 자신을 그대로 받아들일 수 있어야 합니다.

지금 모습 그대로, 있는 그대로의 상태로 자신을 받아들이세요. 자신을 향해 웃으면 마음이 여유로워지고, 긴장이 풀리며 이윽고 편안해질 것입니다.

따뜻한 목소리로 상냥하고 부드럽게 말하기

스피치를 할 때 '이야기는 짧게, 목소리는 크게'라고 권장합니다. 하지만 일상생활에서 너무 큰 소리로 이야기를 하면 금방 지쳐버릴지도 모릅니다.

목소리에는 치유의 기능도 있습니다. 기분 좋은 목소리로 부드럽게 이야기를 하면 그것만으로 듣는 사람의 마음이 편안해지기 때문입니다.

위압적이고 큰 소리로 상대방에게 고함을 치면 자신의 건강에도 좋지 않고, 상대방의 건강을 해칠 염려도 있습니다. 언어폭력으로 인한 피해가 빈번해지고 있는 만큼, 무심코 던진 어떤 말이 그 사람의 인생에 어두운 그림자를 드리우기도 한다는 것을 잊지 말아야 합니다.

신중하게 단어를 선택해서 부드럽고 따스하게 말해 보세요. 목소리는 따뜻하게, 톤은 부드럽게, 그리고 상냥한 마음을 담아서.

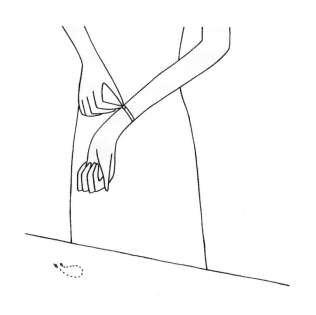

41

하고
있는 일
그 자체를
목표로
삼기

우리는 즐겁게 놀기 위해, 생활하기 위해 일을 합니다. 일을 하다 보면 짜증스럽고 지루하기도 하지만, 어쩔 수 없이 일을 할 때도 있습니다.

그런데 그런 마음으로는 오래 일을 하고 있어도 결국 마음은 딴 곳에 가 있기 십상입니다. 무언가를 위해서가 아니라 그저 일을 위해 일을 해야 합니다. 일을 수단으로 생각하지 말고, 지금 하고 있는 일 그 자체를 목표로 삼으세요.

그렇게 되면 매일, 매 순간 그 일에 집중하게 되고 보람과 즐거움으로 하루하루가 빛날 수 있습니다. 성심성의껏 마음을 담아 일을 하세요. 그 일에 정성과 영혼이 담길 수 있도록.

그렇게 하지 않으면 일은 자신을 더욱 힘들고 우울하게 만들 뿐입니다.

같은 일이 반복되는 매일의 삶이라도 신선한 기운으로 진심을 담아 봅시다.

우선
긍정을 하고
엇갈리는
대화를
피하기

처음 한 마디는 긍정으로 시작해 보세요. 그것이 엇갈리는 대화를 방지하는 비결입니다.

서로 갈등하고 엇갈리는 대화는 곤란합니다.

'안녕하세요, 오늘은 날씨가 좋네요.'
'안녕하세요. 그러네요. 일기예보를 들으니 오후에 비가 온다고는 하더라고요.'

설령 오늘 비가 온다는 것을 알고 있어도 지금 날씨가 좋다면 상대가 한 말을 긍정해 주는 것이 좋습니다.

'오늘 날씨 좋네요'라는 말에 '아니에요, 오늘 비 온다고 했어요'라는 대답은 부정적 대화의 전형입니다.

처음 대화할 때 상대의 말을 반복해 주고 긍정적으로 대답해 주세요. 그것이 두 사람의 관계를 긍정적으로 이끌어줍니다.

43

'아 아,
그 렇 구 나'
하 면 서
받 아 들 이 고
내 려
놓 기

동양에서는 깨달음이 깊은 사람을 〈'아아, 그렇구나' 명인名人 학교 졸업생〉이라고 부른다고 합니다.

무슨 일이 있어도 '아아, 그렇구나' 하고 긍정하고 받아들이면서 달관한 상태를 유지할 수 있다는 뜻이지요. 그는 어떤 것에든 집착하지 않고 그저 '그렇구나'라는 말 한 마디로 상황을 정리하는 달인의 여유도 엿보입니다.

우리는 상황을 있는 그대로 인정하고 받아들이는 일에 익숙하지 못합니다. 순순히 내려놓지 못한다는 말입니다. 늘 머릿속으로 계산기를 두드리고 의심하고 다양한 상황을 설정해서 과거와 미래의 일까지 현재로 끌어들이기 일쑤지요. 머리를 굴리느라 바로 대답도 하지 못합니다.

반면에 달관한 사람들은 과거로 돌아갈 수도 없고 미래도 미리 살아볼 수 없으니, 그저 지금 이 순간을 열심히 살자고 합니다. 그렇기 때문에 과거에 대한 후회도 없고 미래에 대한 불안도 없을 수밖에요. 정말 간결하게 궁극적으로 '지금을 사는' 삶의 방식입니다.

개 념 에
얽 매 이 지
않 고
마 음 에
바 람 이
통 하 는
일 상
보 내 기

우리는 개념의 옷을 걸쳐 입고 다니는 존재들로 저마다 다양한 개념을 가지고 생활합니다.

'이건 이렇고, 저건 저렇고'.

똑같은 일을 두고도 생각과 방식은 모두 제각각입니다. 어떤 사람은 자기가 생각하는대로 되지 않으면 패닉에 빠져버립니다.

여기 밥은 하루에 세 번 먹어야 하고, 식후에는 반드시 양치를 해야 한다는 생각을 갖고 있는 사람이 있습니다. 그리고 굳이 그렇게 하지 않아도 괜찮다고 생각하는 사람이 있습니다. 이 두 사람이 만약 결혼해서 늘 같은 공간에 있다면 어떨까요. 각자의 생각대로 되지 않으면 부딪칠 것이고, 서로 고집만 부리면서 유연하게 대처하지 않으면 두 사람이 함께 사는 것은 어려울 것입니다.

개념에 지나치게 얽매이면 답답하고 숨 막히는 생활을 할 수밖에 없습니다.

몸이 유연하면 움직임이 편한 것처럼, 생각이 유연한 사람은 다른 사람들과 충돌 없이 생활할 수 있습니다.

더불어 마음이 유연한 사람은 그때그때 생기는 일에 알맞게 대처하는 너그러움으로 항상 자유로울 수 있습니다.

자신을 옭아매고 있는 개념에서 자유로워지

면 마음에도 바람이 통해 기분 좋은 일상을 보
낼 수 있습니다.

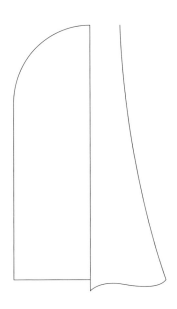

Ⅲ。

마 음 을
깨 우 는

열 쇠 를
발 견 하 다

어 두 운
곳 에 서
눈 을
뜨 기 위 해
마 음 의
여 행 을
나 선 다

요가란 어두운 세계에서 눈을 뜨기 위해 마음의 여행을 나서는 것입니다. 이는 고요하게 자신을 찾아 나서는 즐거운 여행입니다.

우리는 항상 눈을 뜨고 있지만, 사실은 어둠 속에 묻혀 잠을 자고 있는 것입니다. 그렇기 때문에 늘 방황하며 힘들어하고 있는 것입니다.

예를 들면, 밤에 잠을 자면서 꿈을 꿉니다. 무서운 꿈이나 너무 힘겨운 꿈을 꾸다가 몸부림을 치기도 하고 울음을 터뜨리기도 합니다. 그러다가 잠에서 깨면,

"아, 다행이다, 꿈이었구나. 아무 일도 없었어"

이렇게 가슴을 쓸어내리지요. 마찬가지로, 진정한 의미의 눈을 뜨면 역시나 똑같은 고백을 하게 된다고 요가는 말합니다.

"아아, 드디어 나는 눈을 떴다. 지금까지 현실 세계에서 고통스러웠던 기억은 한낱 꿈에 불과했어. 사실은 아무 일도 없었던 거야. 그 무시무시한 고통은 환상이었어."

진정한
자신을 만나
무엇과
관계 맺을
것인지
선택하기

요가는 우주의 의식과 진짜 자신을 함께 묶는 행위를 가리키며 '결합結合'을 의미합니다. 우리는 인생을 살면서 수많은 것들과 연결되고 얽히고 결합합니다. 나와 나의 인생을 정확하게 통찰하고 무엇과 관계 맺을 것인지 분명하게 선택해나가는 것이 요가입니다. 그렇지 않으면 생뚱맞은 것들과 연결되면서 무미건조한 인생을 보내게 될 뿐입니다.

요가는 인생을 긍정적으로 받아들이면서 살아갈 수 있게 해 줍니다. 자기 본연의 모습을 인정하고 긍정하고 자신을 깨달으며 무한한 가능성을 믿게 해 줍니다. 그러기 위해 진정한 자신을 만나 마음이 지치지 않도록 릴랙스Relax 해야 합니다. 릴랙스가 되면 감각뇌인 우뇌가 활성화되고 설렘으로 가슴이 떨리면서 인생의 아름다움을 절절히 느낄 수 있습니다.

어둠
속에서
눈에
보이지 않는
소중한
것을
깨닫기

20년 전 인도의 요가 도장에 체류하고 있을 무렵, 밤이면 거의 매일 정전이 되는 바람에 촛불을 켜고 밤을 지새웠던 적이 있습니다.

하지만 그 시간을 아주 흥미롭게 활용할 수 있었습니다. 촛불을 켜기는 했지만, 할 수 있는 일이 극히 제한적이었기 때문에 본의 아니게 조용한 시간을 보낼 수 있었습니다.

주변 광경이 빛을 잃으면서, 정말로 중요한 무언가가 보이는 것 같은 느낌이 들더군요. 눈에 보이는 것보다는 보이지 않는 것이 중요하다는 깨달음의 순간이었습니다. 정전이 되면 갠지스 강물이 흐르는 소리가 평소보다 더 크게 들립니다. 조명이 밝으면 눈에 보이는 것이 우선이기 마련이라 시각이 우선이 됩니다. 하지만 어두워지면 청각이 우위를 차지합니다.

요가는 오감의 작용을 컨트롤하고, 외부 세계로 향하고 있는 의식을 안으로 향하게 합니다. 인도에서 맞은 정전의 밤, 촛불을 켜고 그 빛을 응시하다가 눈을 감으면 불빛의 잔상이 눈동자 안쪽에 드리우면서 갠지스 강물이 흐르는 소리만 들려옵니다. 그 소리를 듣고 있으면 고대에서부터 이 소리가 존재하고 있었음을, 절로 간절한 기도를 올리게 되는 갠지스 강가에 머물고 있다는 것을 깨닫게 되며 지극한 행복이 몰려옵니다. 태초로부터 흘러온 강물 소리에 나 자신도 녹아드는 것 같은, 마냥 신기한 날들이었습니다.

48

자 신 을
어 떻 게
생 각 하 고
있 는 가 가
중 요
하 다

인생에서 중요한 것은 무엇일까요? 이 세상에 태어난 의미는 무엇일까요?

'나는 누구인가? Who am I?'

살아간다는 것. 자신을 아는 것. 요가에서는 그것을 이해하라고 합니다. 그리고 진정한 의미로서 자신을 살아가라고 합니다.

모든 사람들이 진정한 자신의 삶을 살고, 가슴 설레며 무리하지 않고 행복하고 평화롭고 자유롭다면 이 세상은 얼마나 아름다울까요!

타인과의 경쟁도 없고, 시기와 질투도 없고, 상대를 추락시킬 필요도 없겠지요. 내가 나답게 살 수 있다면 사람들을 원망하고 샘낼 일도 없겠지요. 타인이 아닌 나 자신을 안다는 건 이런 의미입니다. 하지만 우리는 늘 바깥의 정보에 휘둘립니다. 세상 사람들이 나를 어떻게 보고, 어떻게 판단할지 늘 신경 씁니다.

중요한 것은 내가 나 자신을 어떻게 생각하는가입니다.

세 파 에
휘 둘 리 지
않 고
순 수 하 게
살 아 가 기

항상 샤워나 목욕으로 몸의 청결을 유지하세요. 몸을 청결하게 하는 일은 건강과 위생상 매우 중요합니다. 재충전을 위해서라도 하루 중 샤워를 하는 시간은 꼭 내려고 합니다.

그에 못지않게 마음을 청결하게 하는 것도 중요합니다. 이는 결벽과는 의미가 다릅니다. 거짓이나 비밀로 자신을 옭아맨다거나 사람들을 미워한다거나 사악한 생각으로 가득차 있다면 마음은 병들고 육체는 망가집니다.

'순수하게 살아가는 삶.'

이는 아름다운 사람이 되기 위한 결정적인 조건입니다. 이 세상의 파도에 휘둘리지 않고, 물들지 않고 살아가는 것. 나답게 그리고 자신에게 정직한 삶. 그것이 해답입니다.

호흡을 컨트롤할 수 있다면, 마음도 컨트롤할 수 있다

일상생활이 좀처럼 내 뜻대로 되지 않는다, 불안한 마음 때문에 늘 피곤하다는 호소를 하고 있지는 않나요. 그럴 때는 호흡 상태를 자세히 관찰해 보세요. 호흡법은 요가의 기를 다스리는 법으로 에너지를 컨트롤할 수 있고, 마음도 컨트롤할 수 있습니다. 그리고 호흡과 심리 상태, 이 두 가지는 밀접한 관계에 있다는 것도 알 수 있습니다.

사람이 무언가에 겁을 먹는다거나 초조해지면 호흡이 얕고 짧아지기 때문에, 평상시의 호흡이 사라져버립니다. 반대로 마음이 편안하다거나 사색을 하고 있을 때는 호흡이 깊고 느긋해집니다.

심리 상태는 호흡에 영향을 미치고 있습니다. 이는 호흡을 컨트롤할 수 있다면 심리 상태도 컨트롤할 수 있다는 뜻이기도 합니다.

호흡과
마음의
상태는
똑같다

요가에서는 호흡과 마음의 상태를 같다고 봅니다. 늘 화를 내는 사람의 호흡은 마냥 거칩니다. 무언가에 쫓기고 초조한 사람, 성질이 급한 사람, 늘 안절부절못하는 사람은 얕고 빠른 호흡을 합니다. 슬픔에 젖어 있는 사람은 가는 호흡을 합니다. 슬픔이 극에 달했을 때, 엄청난 쇼크를 받았을 때는 호흡 자체가 힘든 상태에 빠지고 맙니다. 마음이 불안정하면 호흡도 불규칙해진다는 뜻입니다.

심리 상태와 호흡 상태는 비례하기 때문에 패닉에 빠지면 순간적으로 호흡이 정지해버리거나 초조한 나머지 호흡이 얕아지기도 하고, 반대로 호흡이 빨라지고 불규칙해지면서 불안정해집니다. 그럴 때는 우선 호흡에 의식을 맞춥니다. 이어 호흡을 정리하면서, 뱉는 숨을 깊고 길게 그리고 천천히 가져갑니다. 호흡이 안정되면 정신의 안정도 되찾을 수 있습니다.

호흡이 정신 상태를 좌우하는 열쇠라는 것을 이해하면 어떤 일이 일어나도 안심입니다.

있 는
그 대 로 의
자 신 을
받 아
들 이 기

있는 그대로의 자신을 받아들이는 것. 있는 그대로의 자신이란 진짜 자신, 어떤 것에도 물들지 않은 순수한 그 자체의 자신으로 지극히 자연스러워지는 것을 말합니다. 아무것도 치장하지 않고 꾸미지 않은 그대로의 자신을 말합니다.

우리는 늘 어떤 사람이든 되려고 합니다. 무리해서 튀어 보이려고 하기도 하고 꾸미고 가식을 부립니다. 하지만 이미 자기 자신만으로도 충분히 멋있다고 요가는 말합니다. 쓸데없이 묻어버린 마음의 때와 몸의 먼지를 털어내기만 하면 됩니다.

진정한 자신을 발견하려면 초조해하는 마음이나 감정의 동요를 진정시킬 필요가 있습니다. 거울에 때가 끼어 있으면 내 모습을 볼 수 없는 것처럼, 호수 표면에 물결이 일거나 얼어 있으면 호수 바닥이 보이지 않는 것처럼, 자신의 본래 모습은 마음의 평안이 없으면 보이지 않습니다.

있는
그대로
보기

우리는 눈에 보이는 것을 있는 그대로 보지 않습니다.

예를 들면 사과를 보았을 때, 처음에는 그것을 지각하고 '아, 사과가 있네'라고 인식합니다. 그리고 다음 순간 '사과는 몸에 좋지'라든가 '예전에 먹었던 사과는 별로 맛이 없었어' 같은 자기 안에 있는 정보가 사과에 작용합니다. 그러면서 '나는 사과를 좋아해' 또는 '사과는 싫어'와 같은 감정이 사과에 대해 생겨나는 것입니다. 그런 다음에는 의지가 작동합니다. '사과를 먹어야지', '이 사과는 먹지 말고 저 사람에게 주어야지' 하는 식으로요.

사람을 볼 때도 마찬가지입니다. 그 사람에 대한 나의 인상이나 생각, 기억, 경험 등을 통해, 다시 말해 '나'라는 필터를 통해 생겨나는 이미지를 보고 있는 것일 뿐입니다. 있는 그대로가 아닌 우리 마음대로 만들어 낸 모습 말입니다.

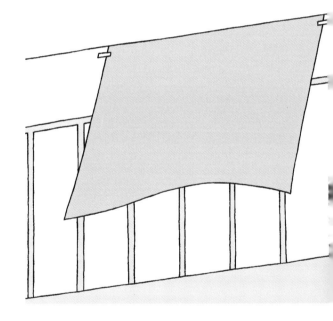

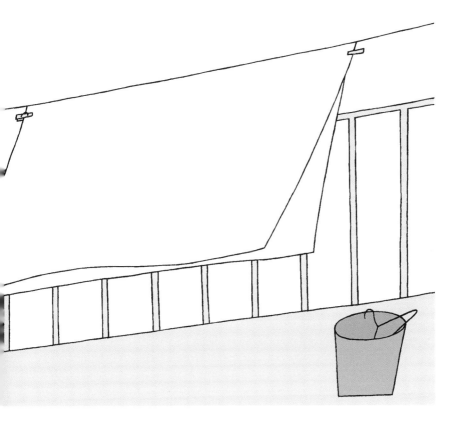

**자연스러워
지는 것은
본래의
자신에
이르는
것이다**

자연스러워지는 것. 그리고 본래의 자신에 이르는 것. 본질에 다다르는 것. 이 모든 것이 가능하다고 요가는 말합니다. 어떻게 가능할까요?

정신적 성장을 가로막고 있는 장애물을 제거하고, 갖고 있는 잠재능력과 가능성을 최대한으로 이끌어내면 할 수 있다고 요가는 제시합니다.

성장의 길을 가로막고 있는 장애물은 크게 세 가지로 생각해 볼 수 있습니다. 첫째, '나는 이런 사람이야, 세상은 이런 곳이야'라고 하는 고정관념. 둘째, 의식적으로 또는 무의식적으로 일어나는 마음의 충동, 일시적인 감정 혹은 욕망. 마지막으로 선천적인 마음의 반응이 그것입니다.

사람은 본래의 자신이 아닌 환상을 좇고 있습니다. 허상인 자신을 자신이라고 착각하고 흔들리고 고뇌하고 지쳐가지만, 누구든 있는 그대로의 모습일 때 자유롭고 평화로우며 행복합니다.

55

자 신 을
정 확 하 게
의 식 하 기

중요한 것은 '의식하고 있는 것'입니다. 요가에서는 자신에 대해 의식하고 있는 상태를 정상적이라고 봅니다.

서로의 주장이 충돌하며 일어나는 분쟁은 정신적인 혼란의 주요 원인입니다. 거기에서 특히 문제가 되는 것은 의식을 한 상태에서 싸우는가, 의식하지 못한 상태에서 싸우는가 하는 것입니다.

싸움을 좋아하는 사람은 없습니다. 단지 안정되고 싶고 혼란을 피하고 싶을 뿐입니다. 그런데, 자기주장이 필요할 때가 있습니다. 그러다 보면 본의 아니게 사람들과 충돌이 일어날 때도 있습니다. 그럴 때, 자신을 정확하게 의식하면서 제어가 가능한 상태라면 괜찮지만 자신을 잃어버린 채 싸움에 휘말리고 있다면 문제가 됩니다.

그러므로 늘 자신의 상황을 정확하게 '의식'하고 있어야 한다는 걸 기억해야 합니다.

진 정 한
자 신 은
성 격 과
관 계 없 이
정 확 하 게
존 재
한 다

개성이란 개인 고유의 특성을 의미합니다. 좀 더 깊게 생각하면 각 개인이 품고 있는 일정 정도의 지속적인 감정, 의지의 경향이나 성질, 품성, 인격 등을 통틀어 가리킵니다. 하지만 그 것은 일종의 가면 같은 것일 뿐 진짜 자신은 아 닙니다.

내부를 모르는 건물의 정면처럼, 외형적인 것에 불과합니다. 중요한 것은 진짜 자신이지 꾸며낸 자신이 아닙니다. 성질을 뛰어넘는 것이 지요.

평화롭고 정적인 타입, 활동적이고 공격적 인 타입, 어둡고 게으른 타입 등 여러 가지로 설 명할 수 있지만 진짜 자신을 정확하게 가리키는 표현은 아닙니다. 그저 자신을 덮고 있는 것 가 운데 한 가지에 불과할 따름입니다. 진정한 당신 자신은 이미 정확하게 존재하고 있습니다. 그것 은 성질을 뛰어넘는 존재이며, 의식하고 있지 않 을 뿐입니다.

허락하지 못한다는 것은 자신에 대한 집착이다

자유롭고 행복하고 평화로워지기 위한 또 다른 중요한 열쇠, 바로 허락하고 용납하는 것입니다. 허락하지 못한다는 것은 자신에 대한 집착을 의미합니다.

모든 것을 허락하고 모든 사람을 용납하는 일이 물론 간단하지는 않습니다. 아무 말도 하지 않고 표정에도 드러나지 않아 표면적으로는 허락한 것처럼 보일 수 있지만, 마음속을 들여다볼까요? 여전히 허락하지 않는 것, 용납할 수 없는 사람이 깊숙이 자리해 있을지도 모릅니다.

허용할 수 없고 용서할 수 없는 사람이 자기 안에 있는 한, 자신을 끝까지 괴롭힙니다. 용납하지 않으면 잊어버릴 수가 없기 때문입니다. 허락이란 자신을 자유롭게 하는 것, 자신을 해방시키는 것, 평화롭게 하는 것입니다.

마 음 과
몸 의
균 형 을
유 지 하 면 서
자 신 의
행 위 를
수 행 하 기

자연, 우주의 질서와 조화를 이루며 인간에게 가장 적합한 삶의 방식을 배워나가는 길이 있습니다. 그것은 행복과 평화와 만족을 가져다 줍니다.

사람은 저마다 자신의 역할을 해내며 해야 할 일이 있고 그에 따라 돈을 벌어서 생활합니다. 많은 사람들이 '돈 때문에', '생활 때문에'라는 생각으로 일을 하는데 단지 그런 이유만으로 일을 한다면, 인생은 실망과 불만, 싸움, 고뇌만으로 가득할 뿐입니다.

일을 하는 행위 자체가 중요합니다. 일에 따라오는, 행위에 따라오는 보수에 집착하지 말고 오직 일하는 행위에 몰두하는 것. 마음과 몸의 균형을 유지하면서 자신의 행위를 수행하는 것. 그렇게 사사로움을 덜고 순수해질 수 있다면, 인간성을 정화할 수 있습니다.

그것이 행위의 요가, 카르마 요가입니다. 어떠한 책략도 없는, 자연스럽고 순수한 삶의 방식이지요.

자신의
마음이
평화로우면
어디에
있어도
평화롭다

자신이 머물고 있는 장소에 대해, '기분 나쁘다', '이곳은 내가 있을 곳이 아니다'라고 생각하는 사람이 있습니다. 장소가 바뀌고 환경이 바뀌고 주변 사람이 바뀌면 좀 더 평화롭고 자유롭고 행복해질 수 있을 거라 생각합니다.

'행복의 파랑새'를 찾아 세상 끝까지 헤매다가 돌아와보니 바로 자기 옆에 있었던 것처럼, 사라진 안경을 찾느라 온 집안을 뒤졌는데 알고 보니 머리 위에 올려두었던 것처럼, 평화는 사실 내 안에 있습니다.

내 마음이 평화로우면 어디에 있어도 평화롭습니다. 누구와 있어도 평화롭습니다. 어떤 경우에 처하더라도 내 안에 평화가 자리해 있다면 평화, 그 자체입니다.

평화는 밖에서 찾을 것이 아니라 자기 안에 세워두어야 하며 우리는 원래부터 자유롭고 행복하고 평화로운 존재라는 것을 깨닫는 것만으로도 충분합니다.

자 기
스 스 로
행 복 해 지 기

이 세상에 적어도 한 사람, 내가 나 자신을 행복하게 할 수 있다면, 이 세상 누구나 행복해질 수 있습니다. 누군가를 통해서 행복해지려고 하기 때문에 잘 안 되는 겁니다.

"당신, 나를 이 세상에서 가장 행복하게 해줄거라 했잖아. 그런데 왜 약속이 다른 거야."라는 말보다는 "나는 괜찮아. 내가 나를 행복하게 해줄 수 있으니까."라고 말할 수 있다면 참 여유로운 사람이겠네요. 하지만 꼭 혼자서만 행복하게 살아야 한다는 말은 아닙니다. 각각의 사람들이 이런 생각으로 자신을 행복하게 할 수 있다면, 다른 사람들과도 행복하게 살 수 있다는 뜻입니다.

타인을 의존해야만 느끼는 행복은 위험한 행복입니다. 의존하는 대상이 사라짐과 동시에 그 행복도 사라져버릴 테니까요.

모든 사람이 행복해지려면, 자기 스스로 행복해져야 합니다.

필요할 때 필요한 사람은 나타난다

평안하길 바랍니다. 하루하루 열심히, 온몸과 온 영혼을 다해 살아갈 수 있다면 그것으로 되었습니다. 준비가 되었다면, 필요로 할 때 필요한 사람이 나타날 것입니다.

요가에서는 준비가 되었을 때 어울리는 스승이 나타날 거라고 말합니다. 담담히 욕심을 버리고 요가를 실천해나가다 보면, 준비를 마친 시점에 진정한 스승을 만날 수 있다고 말합니다.

그러므로 필요한 사람이 나타나지 않는다면, 아직 준비가 되지 않았다거나 아직은 그 사람이 필요하지 않다는 뜻입니다. 우선은 혼자 일어설 수 있도록 심적인 준비를 해두시길 바랍니다.

필요할 때
필요한
것은
주어진다

부족하고 채워지지 않는다고 고민할 필요는 없습니다. 필요한 것은 필요할 때 주어지는 법이니까요. 여전히 부족하다면 이런 이유를 생각해 보면 어떨까요. 아직 채워질 시기가 오지 않았거나, 필요 없다거나 그것을 얻기에는 아직 자신이 미숙하다거나.

성실하게 살면 최소한의 생활을 보장받을 수 있는 만큼은 반드시 주어집니다. 좀 더 열심히 살면 그 이상의 생활을 보장받을 수도 있습니다. 그렇다고 해서 물질을 얻기 위해 살아가야 한다는 것은 아닙니다. 어차피 인생의 마지막에는 무엇 하나 가지고 갈 수 없으니까요.

삶에서 진정 필요한 것은 무엇일까요. 그렇게 필요 없는 것들을 손에 넣으려고 안간힘을 쓰는 이유는 무엇일까요. 내가 정말 채워져 있다면, 다른 어떤 것으로 자신의 공간이나 공허함을 채울 필요는 없습니다.

맑 은
정 신 으 로
사 인 을
깨 닫 기

단순하게 살며 정신을 잘 가다듬으면 소중한 것이 보이기 시작합니다. 부질없는 감정을 품지 않으면 머릿속이 늘 맑고 깨끗해져 직감이 발달합니다. 어느 길로 나가야 좋을지, 올바른 선택도 할 수 있게 됩니다. 반대로 악한 생각을 하면 악한 유혹에 말려들 뿐입니다.

분명히 사인은 있습니다.

'당신이 가야 할 길은 이쪽이다.'

사인을 알아차리기 위해서는 순수해야 합니다. 정말 자신이 살고 싶은 인생을 정확하게 그려 낼 줄 알아야 합니다. 그러다 보면 그 방향성에 따라 우연의 일치든 필연이든 조력자가 나타납니다. 그 사인을 놓치지 않고 붙잡아서 실행해 보세요. 그리고 실행할 수 있는 힘을 길러 두세요.

사인을 놓치지 않게끔 맑은 정신을 위해 늘 정진하세요.

（64）

모 든 것 은
하 루 하 루
정 신 적 으 로
성 장 해 나 가 기
위 한
수 행 이 다

만약 마음의 움직임을 자기 자신이라고 생각한다면, 마음의 변화나 움직임에 얽매어 있다면, 마음이 혼란스러울 때 덩달아 자신도 혼란스러워지지 않을까요. 마음이 혼란스러워지면 고민이나 슬픔 속에 있는 자신을 발견할 수 있겠지요.

하루하루의 삶 속에서 무슨 일이 일어나든 괜찮습니다. 중요한 것은 그 일이나 사건에 대해 자신이 어떻게 반응하는가에 달려 있습니다. 모든 것은 정신적으로 성장해가기 위해 어떻게든 넘어서야 할 장애물임을 잊지 마세요.

사람과의 관계에 있어서도 타인의 행복은 함께 기뻐하고, 타인의 불행은 함께 슬퍼하고, 타인의 선행은 축복하고, 타인의 악행에 대해서는 증오를 품지 않을 수 있도록 마음을 다듬을 수 있기를 바랍니다. 이는 자신의 허물을 정리하고 자아를 배제하기 위한 수행입니다.

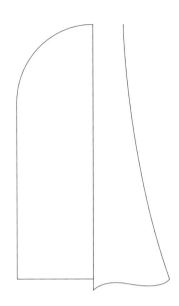

IV。

마음의
문

건너편을
보다

마 음 의
문 을 열 고
마 음 을
자 유 롭 게
풀 어 주 기

우리는 새장 속에 있는 새입니다. 하지만 그 새장이라는 것은 우리 스스로 만들어낸 환상일 뿐, 실제로 존재하지는 않습니다.

육체를 가지고 있는 한, 한계는 있습니다. 인간은 육체라는 한계 안에서 얽매인 채 살아가고 있습니다. 육체는 시간적인 제한에 있기 때문입니다.

또한 마음도 얽매어 있습니다. 마음에는 원래 한계가 없지만 고정관념과 아집으로 인해 한계가 생겨버리고 만 것입니다.

영혼은 영원하고 우주는 무한합니다. 그 존재들과 하나가 되고 이원론의 세상에서 벗어날 수 있는 열쇠는, 의식에 달려 있습니다. 집착을 버리고 고통에서 해방되면 자유로워집니다. 마음의 문을 열고 기분도 한껏 열어 젖혀서 비로소 마음을 자유롭게 풀어주길 바랍니다.

아무런
판단도
하지
않는 날
갖기

우리는 작고 여린 자신을 둘러싸고 있는 세상에서, 좁디좁은 생각으로 판단을 하며 하루하루를 살아갑니다.

아침에 눈을 뜬 순간부터 판단하고 분석하며 살아가지요. 바깥에서 일어나고 있는 일들이나 사람에 대해서도 '이건 좋아, 나빠', '이건 못 참겠어', '이건 좋아, 싫어' 하는 식으로요.

예를 들면 누가 일을 맡겼을 때, 능력만큼 자신의 기술을 활용하여 해낼 수 있으면 그것으로 충분합니다. 설령 조금 피곤하더라도 그것은 육체적 피로일 따름입니다. '저 상사는 나를 싫어하니까 이렇게 힘든 일을 나한테 시키는 거야'라고 감정적으로 생각하는 순간, 정신적인 피로가 몰려오고 맙니다.

가끔은 드넓은 우주, 무한한 세계에 살고 있다는 생각으로 하루 종일 아무런 판단도 하지 않는 날을 가지길 바랍니다.

67

자 그 마 한
자 신 을
거 대 한
우 주 로
해 방 시 켜
나 가 기

매일 아침 태양이 떠오르는 순간, 하늘이 아침 햇살로 물들면서 세상이 밝아지는 모습을 보고 있노라면 그것만으로 참 행복하다고 생각합니다. 아무리 슬프고 외롭고 고통스러워도, 그런 나의 마음과 관계없이 밤은 지나가고 태양이 떠올라 아침이 찾아옵니다. 내가 이 세상을 떠난다 해도 그것은 변함없습니다.

자신에게 지나치게 몰입하다 보면 자신만의 작은 세계를 고집하기 쉽습니다. 그런데 우주의 거대한 섭리는 그와 관계없이 다이내믹하게 존재하며 우주의 생명 에너지를 쏟아내고 있습니다.

태양은 다시 떠오르고 밝아오지 않는 밤은 없습니다. 그런데도 우리는 지독한 어둠 속에서 마음의 문을 걸어 잠근 채 힘겨워합니다. 호흡하는 것만으로 이 우주와 이어져 있다는 것을 까맣게 잊고서 말입니다.

밤이 되면 드넓은 하늘에 별들이 빛납니다. 자그마한 자신을 거대한 우주로 해방시켜나가길 바랍니다.

나 는
육 체 도
아 니 고
감 정 도
아 니 다

우리는 자신의 존재에 대해 단순히 육체로 인식합니다. 하지만 육체뿐만이 아닙니다.

맹장 수술을 해서 맹장을 떼어내도 나는 나 그대로입니다. 어제의 내 육체와 오늘의 내 육체는 상황이 다르지만, 여전히 나는 나입니다. 한쪽 발을 잃어도 나는 나입니다. 육체는 세포분열을 반복하면서 하루하루 변화합니다. 변하는 것에 집착할 수는 없습니다.

감정 또한 변합니다. 어제까지 좋아했던 사람을 오늘 싫어하게 될 수도 있습니다. 어제까지 두근두근하던 마음이 오늘은 우울해지기도 합니다. 어제의 감정은 오늘 더 이상 존재하지 않습니다.

그래서 우리는 육체와 감정에 집착하지 않아도 됩니다. 우리는 육체도 감정도 아닙니다. 본래의 나, 내 영혼은 나로서 보편적인 존재입니다.

죽음은 낡은 코트를 바꿔 입는 것이다

사람은 공포를 느끼면 긴장을 하고 위축됩니다. 사람이 느끼는 공포 중 가장 큰 공포는 죽음입니다. '살고 싶다'는 삶에 대한 집착과 '죽고 싶지 않다'는 죽음에 대한 공포가 함께 합니다.

아주 작은 벌레라도 생명을 갖고 있는 모든 존재라면 죽음에 대해 공포를 갖고 있습니다. 커다란 번뇌, 고민의 원인이 되는 것 중 하나이지요.

생명은 너무도 귀중하기 때문에 태어난 다음으로는 타고난 수명을 누리며 자신의 삶을 살아가는 것이 중요합니다. 하지만 죽음은 누구에게나 찾아오고 그 순간이 오면 겸허하게 받아들여야 합니다.

그것뿐입니다. 죽음은 낡은 코트를 벗어던지는 것으로 육체를 떠나는 것입니다.

다시금 새로운 코트, 새로운 육체를 받게 되므로 두려워할 필요가 없습니다.

영혼은
영원하다

인도 철학의 기본 사상은 '윤회전생輪廻轉生'입니다. 생과 사의 세계가 그치지 않고 바퀴처럼 돌고 돈다는 의미이지요. 육체는 죽어도 영혼은 영원하다고 생각합니다. 그렇기 때문에 '다른 사람이 모르면 무슨 짓을 해도 괜찮아', '탄로 나지 않으면 나쁜 짓을 해도 괜찮아'라는 방식은 통하지 않습니다. 이번 생의 상태가 고스란히 다음 생으로 이어지기 때문입니다.

이번 생은 힘들고 고달픈 인생이었더라도, 포기하거나 내던지거나 절망해서는 안 됩니다. 다음 생에 이어 행복하고 선한 사람이 될 수 있도록, 정신적으로 성장할 수 있도록 노력해야 합니다.

'인생은 너무 불공평해'라고 생각할지 모릅니다. 나쁜 짓을 한 사람이 행복해 보이기도 하고, 착한 사람이 평가를 받지 못하는 경우도 허다하거든요. 그러나 생은 이번만으로 끝나지 않습니다. 영혼을 갈고 닦기 위해서라도 오늘 하루를 소중히 여기며 살아갑시다.

우 주 의
에 너 지 를
느 끼 고
싶 을 때 ,
조 용 히
호 흡 에
의 식 을
향 해
보 기

깊은 밤이 고요히 사라지려고 할 즈음, 혼자서 조용히 호흡에 의식을 향해 봅니다. 아침이 새롭게 태어나려고 하는 순간에 곧 우주의 호흡이 들려올 것입니다.

우주에 존재하는 모든 것은 호흡을 반복하며, 우주의 파동 그 거대한 호흡과 하나가 되어 갑니다.

한밤중에 조용히 모두가 깊은 잠에 빠져들려고 하는 세상 속에 앉아 호흡에 의식을 향해 보길 바랍니다. 모든 것들이 생생하게 살아 있고 공존하고 있다는 것을 실감할 수 있을 것입니다. 우주 안에서는 그 어떤 것들도 대립하지 않고 더불어 같은 에너지를 받으면서 살아가고 있다는 것을 알게 될 때, 모든 것에 대해 따스하고 상냥한 마음을 가질 수 있습니다. 그러면 비로소 평화와 고요가 찾아오면서 몸과 마음이 정화될 것입니다.

깊 게
숨 을
토 해
에 너 지 를
내 편 으 로
만 든 다

'왠지 피곤하고 의욕이 없어'
'아무래도 에너지가 부족한 것 같아'

이렇게 생각되는 날들이 있습니다. 하지만 이 세상은 생명 에너지로 가득합니다. 그것을 느끼지 못할 뿐이고, 그것을 내 편으로 만드는 방법을 모르고 있을 뿐입니다.

생명 에너지란 우주 에너지라고도 하고 '기氣'라고도 합니다. 우선 깊게 숨을 토합니다. 몸 속의 독소를 배출하고 텅 비워 새로운 에너지가 들어올 수 있는 몸을 만듭니다. 몸과 마음을 느슨하게 해서 긴장을 풀어주는 겁니다.

아무리 작고 보잘것없는 사람이라 할지라도, 이 우주는 태양빛과 선선한 바람, 달빛과 물, 음식에 이르기까지 한 인간이 성장하는 데 많은 힘을 보태주고 있다는 것을 느낄 수 있습니다. 우주가 보내주는 에너지를 감사한 마음으로 받아들이는 모습을 상상해 보세요. 그러면 우주 에너지는 언제라도 내 편이 되어줄 것입니다.

73

안 정 된
자 세 는
우 주 와
하 나 가
되 는
자 세 이 다

요가에서는 '자세는 안정되고 쾌적해야 한다'고 가르칩니다. 그리고 '자세가 안정되어야만 그 자세가 우주로 녹아든다'라고 합니다. 육체가 있다는 것을 잊어버릴 정도로 조절이 잘 되는, 몸 어디에도 무리가 가지 않고, 노력할 필요도 없고 힘도 들어가지 않는, 즉 몸이 마음을 방해하지 않는 상태를 가리킵니다.

요가에서는 육체 자체를 잊어버리게끔 몸을 조절합니다. 예를 들면 이가 아플 때는 이가 있다는 것을 의식하게 됩니다. 하지만 치통이 없으면 이가 있다는 것을 굳이 의식하지 않지요.

만약 어디 한군데도 아프지 않다면 몸 어느 곳에도 의식이 미치지 않습니다. 육체를 잊어버리는 것입니다. 육체를 잊어버린다는 것은 자신을 둘러싸고 있는 우주와 자신의 몸과의 경계선이 없어진다는 의미입니다. 다시 말해 몸은 우주로 녹아들어 하나가 된다는 의미입니다.

그 것 은
당 신 의
바 나 나 가
아 니 라
우 주 의
바 나 나 다

요가 수행을 위해 인도에 머물고 있을 때의 일입니다. 저녁이 되면 갠지스 강가에서 스파이스가 들어간 밀크티인 차이티를 마시면서 일몰을 지켜보는 것이 일상이 된 날이었습니다. 그날은 특별한 축제가 있어서 요가 도장에서 제공한 식사에 바나나가 나왔습니다. 바나나를 손에 들고 갠지스 강가에 가기 위해 강에 놓인 다리를 건널 참이었습니다.

그런데 눈 깜짝할 사이에 손에 들고 있던 바나나가 사라져버렸습니다. 당황해하는 나를 보고 다리를 건너던 사람들이 박장대소를 하며,

"저기를 보세요" 하는 것이었습니다. 사람들이 가리키는 방향으로 고개를 돌리니, 야생원숭이 한 마리가 내 손에서 뺏어간 바나나 껍질을 벗겨서 막 베어 물려고 하고 있었습니다.

나는 너무 놀라서 녀석을 가리키며,

"으악, 내 바나나~" 하고 고함을 쳤습니다. 그러자 내 앞을 걸어가던 요가 행자 한 분이 뒤를 돌아보고는 검지를 들어서 좌우로 까딱거리며 말했습니다.

"그것은 선생님의 바나나가 아닙니다."

내가 이해가 가지 않는다는 듯 고개를 갸우뚱하자

"그것은 우주의 바나나랍니다." 하며 말을 이었습니다.

"'내 바나나'라는 소유 의식에 집착하고 있는

한 고통에서 벗어날 수 없습니다." 그렇게 혼자 중얼거리듯 말을 던지고는 요가 행자는 사라져 갔습니다.

멍하게 그 모습을 지켜보고 있자니, 원숭이가 버린 바나나 껍질을 느릿느릿 걸어온 들소가 주워 먹는 것이었습니다. 그리고 소가 배설한 대변을 아이들이 주워서 말린 다음, 그것으로 불을 붙여서 차이티를 끓이고, 만든 차이티를 내다 판다고 합니다. 내가 그 차이티를 사 마시면서 노을을 바라보고 있었던 겁니다. 또한 차이티가 들어 있는 잔은 던져서 깬 다음 땅에 묻으면, 그 땅에서 바나나 나무가 자라고 열매가 열립니다.

놀랍게도 그것은 정말 '우주의 바나나'였습니다. '나의 것'이라는 집착이 고통을 낳는다는 심오한 철학을 인도의 어느 길가에서 귀동냥으로 깨달은 귀중한 체험이었습니다.

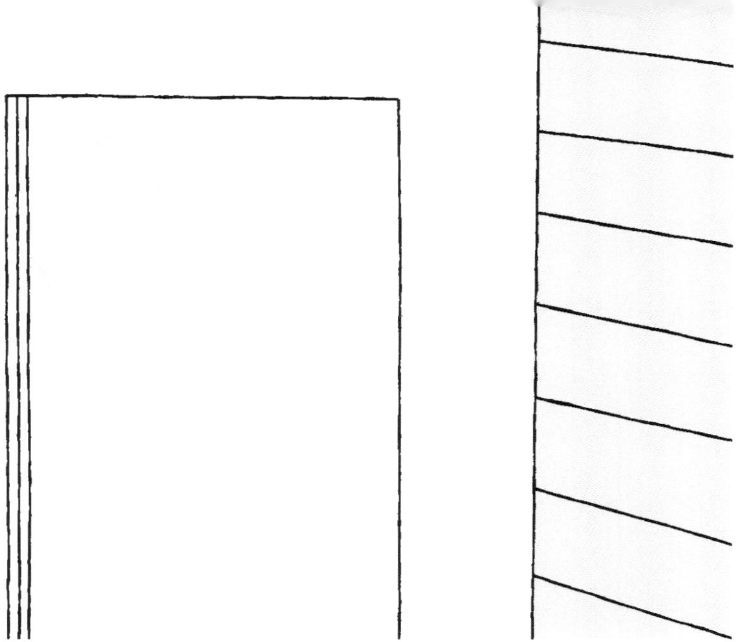

당신이
나이고,
내가
당신이다

요가의 만트라Mantra 명상법 가운데 '소함So-ham'이라는 명상법이 있습니다. 만트라란 '진언眞言'이라는 뜻으로, 만트라를 부르는 순간 만트라가 지닌 그 의미대로 실현되는 신비한 힘을 가진 말입니다.

우리는 늘 다투고 갈등합니다. 이 세상에 서로 다른 두 가지가 존재하기 시작하면서부터 싸움은 시작됩니다. 하나라면 대립은 있을 수 없겠지요. 두 개가 존재하는 순간 대립이 생겨납니다. '너는 너, 나는 나'를 구별하기 시작하는 겁니다. 하지만 요가는 '결합'으로 하나가 됩니다. 우주와 나는 하나입니다.

'소함'은 '그는 나다'라는 의미입니다. 풀어 말하면, '너는 나이고 나는 너이며, 그는 나이고 나는 그다. 나 이외의 모든 것은 나이고 나는 나 이외의 모든 것이다' 다시 말해 '우주의 모든 것은 나이고 나는 우주의 모든 것이다'라는 뜻입니다. 만트라는 마음속에 대립이라는 개념 자체가 붙거질 수 없는, 진실의 언어입니다.

76

대 우 주 와
소 우 주 의
결 합 으 로
진 정 한
나 를
찾 는 다

'범아일여梵我一如'는 인도 철학에서 말하는 용어로, 브라만Brahman, 梵과 아트만Atman, 我은 하나 다라는 의미입니다. 브라만은 우주의 근본 원리이며 아트만이란 개인 존재의 본질, 호흡을 뜻합니다. 아트만은 생명의 원리이며, 영혼이라고 부릅니다. 브라만과 아트만, 곧, 대우주와 소우주의 결합이 바로 범아일여이며, 그 합일合一이 바로 요가입니다.

범아일여를 비로소 깨달았을 때, 이기심을 버린 나, 진정한 자기인 진아眞我는 우주에 녹아들고 그 순간부터 자유롭고 행복하고 평화로워지리라 믿게 됩니다.

밤하늘을 올려다보면 보드랍고 기분 좋은 바람이 불어와 나의 두 뺨을 쓰다듬어주지요. '나'라고 하는 자그마한 우주와 머리 위로 펼쳐진 거대한 우주의 존재 자체는 똑같지 않을까요. 눈을 감으니 내가 우주 속으로 녹아들어가기 시작했습니다.

77

우주적으로
살기

우리의 의식은 그야말로 순수합니다. 어느 것에도 물들지 않고 오염되지 않습니다. 그 의식은 우주의 순수한 의식과도 동일하며, 우주와 자신을 이어주고 조화를 이루며 살아가게 해줍니다. 더 이상 나는 고립된 존재가 아닌, 우주와 영원히 하나가 되고 그 안에서 보살핌을 받습니다. 우리 모든 인간 한 사람 한 사람이 우주의 구성원인 셈입니다.

자그마한 세계에서 살다 보면 고립감에 짓눌리는 것 같은 기분이 들기도 합니다. 하지만 우주적으로 살면, 실제로 살고 있는 공간이 반경 몇 미터밖에 되지 않는 좁은 세계라고 해도, 정신은 해방되어 드넓은 세계 즉, 우주 속에서 살수가 있습니다.

'저 사람은 우주 속에서 사는 것 같아.' 이런 이야기를 듣는다면 좋겠지요.

우주와 사이좋게 지내기

좁은 세상에서 살다 보면 사방이 꽉 막혀버릴 때가 있습니다. 벽에 부딪쳐서 어디로도 나가지 못하는, 그런 상태 말입니다. 인간관계로 힘들고 사회생활도 여의치 않은 그런 때.

이런저런 상황이 녹록지 않아도 우주와는 사이좋게 지내려고 해 보세요. 우주와 사이좋게 지내면 의식이 우주적으로 넓어집니다.

태양은 늘 우리에게 빛과 에너지를 줍니다. 그리고 언제나 존재합니다.

달을 올려다보세요. 부드러운 달빛을 쬐어 보세요. 거기에 달의 포근함이 묻어납니다.

바람이 붑니다. 그 바람 소리를 듣고 있노라면 가슴이 뻥 뚫리는 것 같은 후련한 마음이 듭니다.

밤하늘에 떠 있는 별의 반짝임을 즐겨보세요. 우주 안의 그 별은 바로 내 안에서도 반짝이고 있습니다.

우 주 의
중 심 에 서
잠 을
깨 다

인도의 성스러운 요가 집회인 삿상가Satsanga
에서 요가 행자는 우리에게 달콤한 음성으로 노
래하듯 기도하며 이렇게 말합니다.

"여러분은 우주 안에 있고 여러분 안에
는 아름다운 빛이 숨어 있습니다. 그 빛
을 찾으세요. 그것은 영원의 빛입니다.
찬란하고 영롱한 빛을 번뜩이며 살아가
세요. 우리는 정신적인 잠에서 깨어나 그
빛과 더불어 영원히 살아갈 수 있습니다.
여러분 곁에 정신적인 것이 아닌 다른 존
재가 다가온다면 '필요없습니다'라고 단
호하게 거절하세요. 여러분은 우주와 이
어지고 신과 이어져 있습니다. 요가는
'결합'입니다. 이어져 있으면 사랑의 힘
이 전해집니다. 그것이 내적인 요가, 정
신의 요가입니다."

그렇게 집회가 끝나고 밤하늘을 올려다보니
영적인 우주의 파동에 휘감겨 있는 나를 느낄
수 있었습니다.

언 제 나
태 양 은
당 신 에 게
빛 을
비 추 어
주 고
있 다

가끔 아무도 나를 주목해 주지 않는, 우울하고 막막한 상황에 덩그러니 놓인 것 같은 기분이 들 때가 있습니다. 사람들의 관심과 따스한 말 한마디도 없는 일상, 출구도 없고 한줄기 빛도 들어오지 않아 막막하고 불안정한 상태입니다.

하지만 그런 때도 태양은 어느 누구에게나 평등하게 빛을 비추어줍니다. 비가 오고 구름이 낀 날에도 구름 위에서 태양은 빛나고 있습니다.

눈에 보이는 상황에만 연연하면 본질은 보이지 않습니다. 어떤 경우라도 태양은 존재하며 빛과 힘, 에너지를 보내주고 있음을 믿으세요.

빛 의
방 향 을
향 해
한 결 같 이
살 기

예쁘게 피어 있는 꽃을 살펴보면 태양을 향해 얼굴을 들고 있습니다. 빛이 드는 쪽으로 얼굴이 향해 있습니다.

이 세상에는 네 종류의 사람이 있다고 합니다. 어둠 속에 태어나서 어둠만 향하는 사람, 어둠 속에 태어나도 빛을 향하는 사람, 빛 속에 태어나도 어둠을 향하는 사람, 빛의 세계에서 태어나 그대로 빛을 향해 살아가는 사람.

기분이 좋지 않을 때는 집으로 들어가는 길에 화분 하나를 사서 창가에 두고 관찰해 보세요. 빛이 드는 쪽으로 피어나는 꽃처럼, 우리도 빛을 향하며 살아가요.

'빛을 향해 한결같이 살아야지.'

이렇게 다짐해 보세요. 삶을 가로막는 악한 생각은 당초에 품지도 말고 생활하는 겁니다.

'빛 쪽으로.' 그것이 우리가 살아나가야 할 길입니다.

하늘과 땅은
내 안에
있고
나는
하늘과 땅
안에
있다

연꽃이 피어나는 아침, 태양빛을 받은 꽃잎 한 장 한 장이 꿈을 꾸는 듯 아름답습니다. 우리는 언젠가부터 순수함을 포기하고 내 안에 열려 있던 문을 잠가버렸습니다.

살아간다는 것은 결국 순수함과는 거리가 멀어지는 것이라 생각하면서 어른이 되어버린 날들. 우리는 그렇게 거대한 우주가 주는 자유에서 멀어져버립니다.

나는 작은 우주이며 하늘은 거대한 우주입니다. 그 둘이 서로 결합한다는 것은 마음의 연못에 연꽃이 활짝 피어나는 순간과 같습니다. 꿈처럼 아름답고 순수한 영혼이 서로에게 녹아들어 연꽃으로 피어나는 아침. 그 아침에는 하늘과 땅은 내 안에 있고 나는 하늘과 땅 안에 있다고 가르쳐주는, 모든 것을 밝게 비추어주는 태양빛이 있습니다. 한결같은 삶을 살아갈 수 있도록 인도하는 빛이 있음을 잊지 마세요.

83

기 도
소 리 로,
빛 으 로
가득 한
세 계 에
닿 다

침묵의 세계에서 눈을 감고 차분하고 고요
하게 마음속으로 두 손을 모아 보세요. 어둠 속
에 한 줄기 빛이 들어옵니다.

얕은 잠 속에서 미로를 방황하는 꿈을 꾸고
있는데 갑자기 한 줄기 빛이 나타나 눈을 뜹니
다. 내 눈 앞에 뻗어 있는 진실의 방향으로 내가
걸어가야 할 길이 이어집니다.

지휘자의 속삭임이 들립니다.

'호흡을 조절하고 순수한 마음으로, 빛쪽
으로.'

그가 가리키는 방향의 끝에 보이네요.
기도 소리가 닿는, 눈부신 빛으로 가득 찬
세계가.

84

자 유 롭 고
행 복 하 고
샨 티 하 게
생 활 한 다

샨티Shanti는 인도의 고대어인 산스크리트어로 '평화'를 의미합니다. 자유롭고 행복한 샨티 생활을 위해서는 비싼 땅을 사들일 필요가 없습니다. 마음의 문을 열고 마음속을 샨티한 정원으로 만들어서 행복한 꽃의 씨앗을 뿌리고, 자유로운 바람이 넘나들게 하면 됩니다. 그 문을 열 수 있는 열쇠는 바로 당신 눈앞에 있습니다.

사람은 스스로 자신을 행복하게 할 각오와 용기를 가져야 합니다. 의식은 자신의 힘으로 얼마든지 변혁해나갈 수 있습니다. 자기 나름으로 자유롭고 행복하고 평화로워질 수 있다는 뜻입니다. 아침에 자신을 보며 방긋 웃어주고 호흡을 조절하면서 조용히 명상을 해 보세요. 하루를 자유롭고 행복하고 평화로운 기분으로 시작하는 겁니다.

늘 자신을 향해 밝게 웃어주세요. 나를 둘러싼 환경에도 밝은 미소를 보내세요. 오직 자유롭고 행복하고 평화로운 생활을 위해서.

epilogue

요가의 깊은 예지에 나는 줄곧 큰 힘과 위로를 받아 왔습니다. 인생이 아무리 슬프고 복잡하고 혼란스러워도, 요가는 나를 단순하고 자연스럽게 그리고 '괜찮아, 잘 될 거야'라며 미소 지으며 살아갈 수 있도록 인도해 주었습니다. 내가 배운 요가의 예지를 사람들과 나누는 것이 그 가르침에 감사하는 일이라고 생각합니다.

그것을 구체화한 이 책이 세상에 나올 수 있도록 결단을 내려주신 아노니마 스튜디오 출판사의 단지 후미히코丹治史彦 씨와의 만남은, 세상이 마냥 낯설기만 했던 나에게 새로운 문을 열어주었습니다. 그곳으로 안내해 준 후카야 에미深谷惠美 씨, 편집을 맡아주신 무라카미 히사코村上妃佐子 씨, 멋진 삽화를 그려주신 소부에祖父江 히로코 씨, 섬세한 디자인을 위해 고민해 주신 세키 히로아키関宙明 씨, 더불어 늘 든든한 지원을 아끼지 않으신 모든 분들에게 깊은 감사를 드립니다.

코스모스가 피어나는 깊은 밤에
아카네 아키코赤根彰子

초판 1쇄 발행	2020년 1월 27일
초판 2쇄 발행	2020년 5월 6일

지은이	아카네 아키코
옮긴이	김윤희
발행인	윤호권·박헌용

본부장	김경섭
책임편집	김하영
기획편집	정은미·정상미·정인경·송현경
디자인	정정은·김덕오·양혜민
마케팅	윤주환·어윤지·이강희
제작	정웅래·김영훈

발행처	미호
출판등록	2011년 1월 27일(제321-2011-000023호)
주소	서울특별시 서초구 사임당로 82(우편번호 06641)
전화	편집 (02) 3487-1650, 영업 (02) 3471-8044

ISBN	978-89-527-4865-2 03100

미호는 아름답고 기분 좋은 책을 만드는 ㈜시공사의 임프린트입니다.